Impressum
Verlag: BABADADA GmbH, Nedderfeld 112 , 22529 Hamburg
Geschäftsführer / Verlagsleitung: Harald Hof
Druck: Books on Demand GmbH, In de Tarpen 42, 22848 Norderstedt

Imprint
Publisher: BABADADA GmbH, Nedderfeld 112 , 22529 Hamburg, Germany
Managing Director / Publishing direction: Harald Hof
Print: Books on Demand GmbH, In de Tarpen 42, 22848 Norderstedt

skool
σχολείο

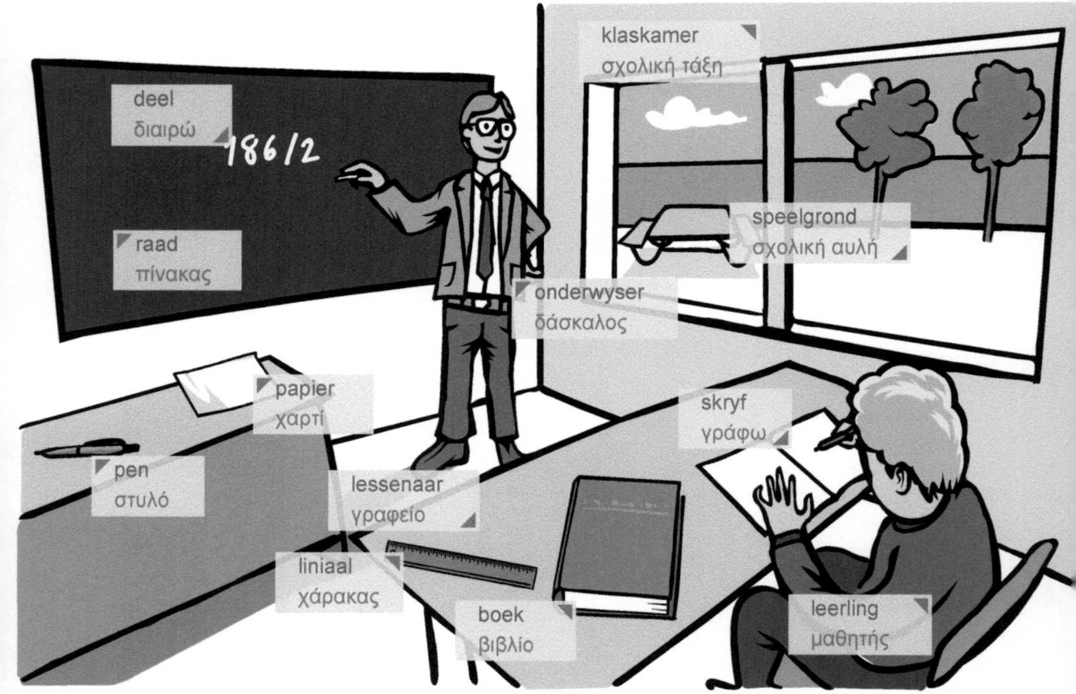
klaskamer
σχολική τάξη
deel
διαιρώ
186/2
raad
πίνακας
speelgrond
σχολική αυλή
onderwyser
δάσκαλος
papier
χαρτί
skryf
γράφω
pen
στυλό
lessenaar
γραφείο
liniaal
χάρακας
boek
βιβλίο
leerling
μαθητής

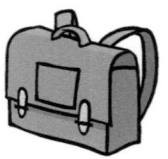

skooltas

σχολική τσάντα

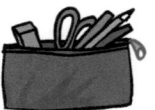

potloodhouer

κασετίνα/ μολυβοθήκη

potlood

μολύβι

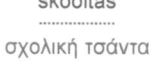

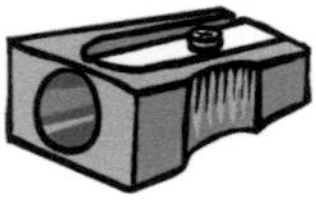

skerpmaker

ξύστρα

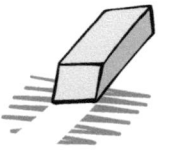

rubber

γόμα

tekenblok

μπλοκ ζωγραφικής

tekening

ζωγραφική

verfkwas

πινέλο

verfoppervlak

κουτί χρωμάτων

skêr

ψαλίδι

gom

κόλλα

oefenboek

τετράδιο ασκήσεων

huiswerk

εργασία για το σπίτι

aantal

αριθμός

optel

προσθέτω

aftrek

αφαιρώ

maal

πολλαπλασιάζω

bereken

υπολογίζω

brief

γράμμα

alaphabet

αλφάβητο

woord

λέξη

teks

κείμενο

lees

διαβάζω

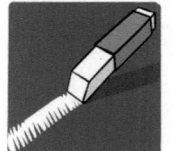

kryt

κιμωλία

les

μάθημα

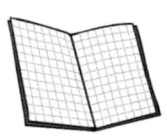

registreer

εγγράφομαι

eksamen

τεστ

sertifikaat

πιστοποιητικό

skooluniform

μαθητική στολή

onderwys

εκπαίδευση

ensiklopedie

εγκυκλοπαίδεια

universiteit

πανεπιστήμιο

mikroskoop

μικροσκόπιο

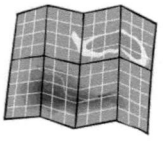

kaart

χάρτης

vullisdrom

καλάθι αχρήστων

reis
ταξίδι

hotel
ξενοδοχείο
Grand
hostel
ξενώνας
ROOMS
CHANGE
bureau de change
ανταλλακτήρια συναλλάγματος
tas
βαλίτσα
motor
αυτοκίνητο

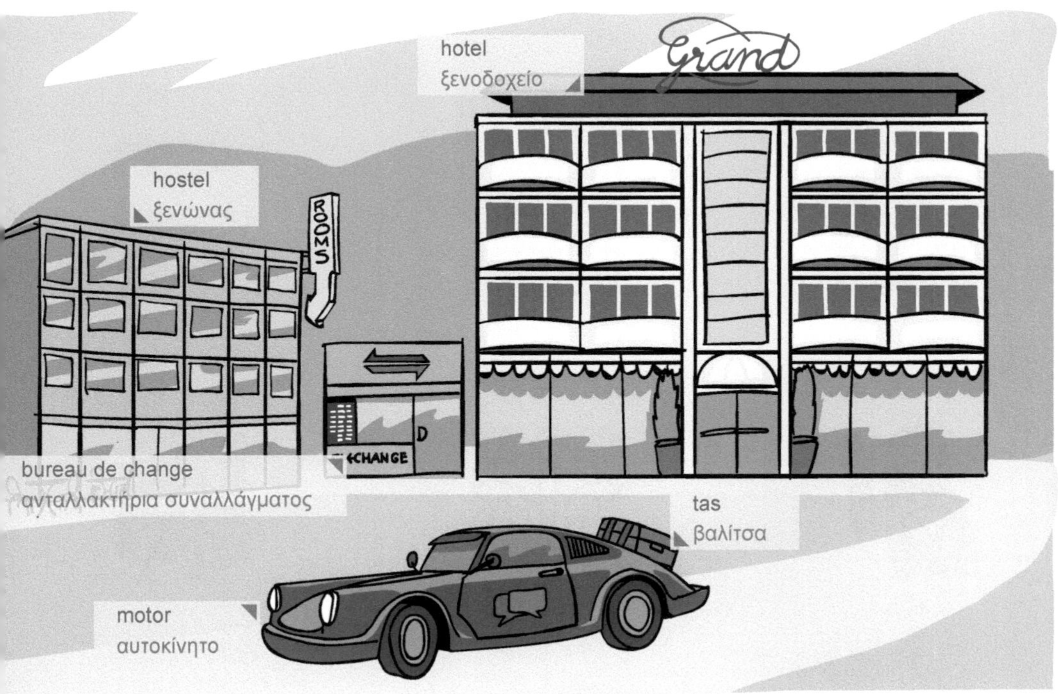

taal

γλώσσα

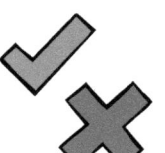

ja / nee

ναι / όχι

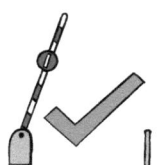

Goed

εντάξει

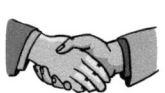

hallo

γεια σου

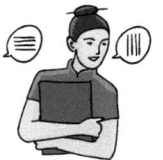

vertaler

μεταφραστής

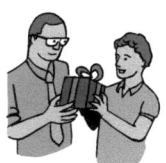

Dankie

Ευχαριστώ

hoeveel is...?

πόσο κάνει ;

Ek verstaan nie

Δε καταλαβαίνω

probleem

πρόβλημα

Goeie naand!

Καλησπέρα!

Goeie môre!

Καλημέρα!

Goeie nag!

Καληνύχτα!

totsiens

Αντίο

rigting

κατεύθυνση

bagasie

αποσκευές

sak

τσάντα

rugsak

σακίδιο πλάτης

gas

καλεσμένος

kamer

δωμάτιο

slaapsak

υπνόσακος

tent

σκηνή

toeriste-inligting
τουριστικές πληροφορίες

strand
παραλία

kredietkaart
πιστωτική κάρτα

ontbyt
πρωινό

middagete
μεσημεριανό

aandete
δείπνο

kaartjie
εισιτήριο

hysbak
ανελκυστήρας

posseël
γραμματόσημο

grens
σύνορα

doeane
τελωνείο

ambassade
πρεσβεία

visum
βίζα

paspoort
διαβατήριο

vervoer
μεταφορά

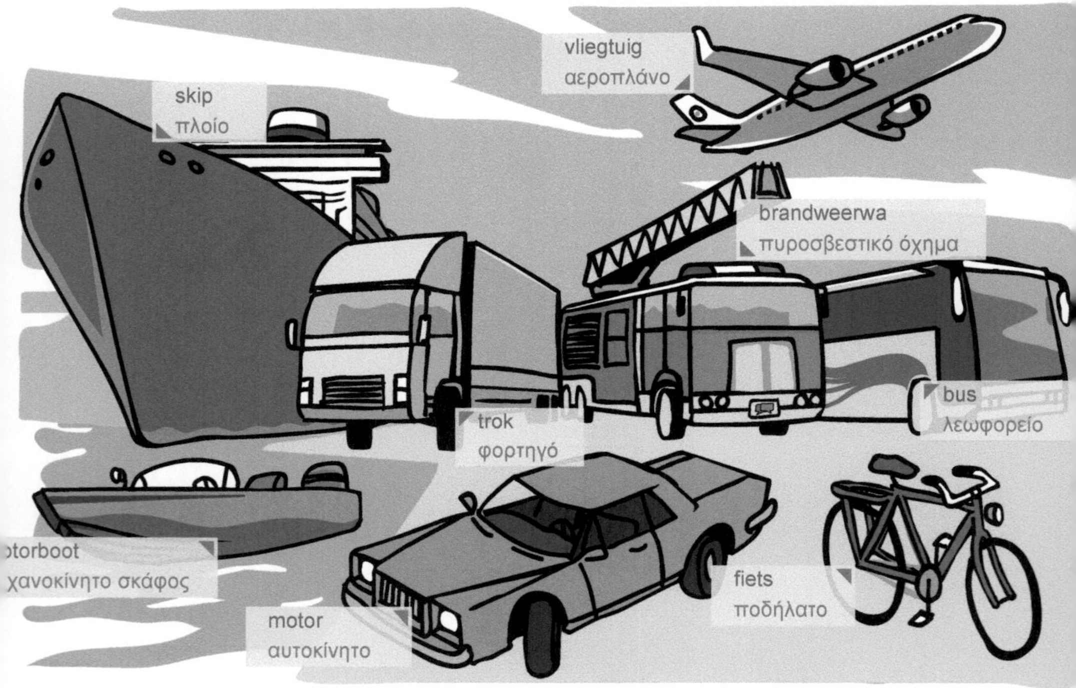
vliegtuig
αεροπλάνο
skip
πλοίο
brandweerwa
πυροσβεστικό όχημα
bus
λεωφορείο
trok
φορτηγό
torboot
χανοκίνητο σκάφος
fiets
ποδήλατο
motor
αυτοκίνητο

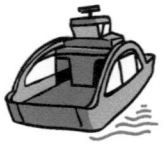

veerboot
φεριμπότ

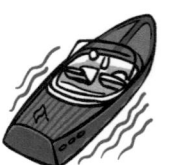

boot
βάρκα

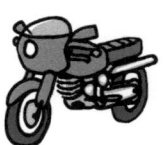

motorfiets
μοτοσικλέτα

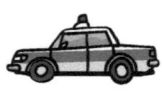

polisiemotor
περιπολικό

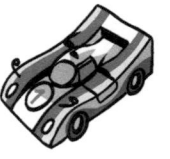

renmotor
αγωνιστικό αυτοκίνητο

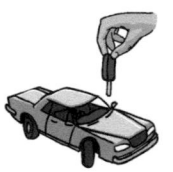

huurmotor
ενοικιαζόμενο αυτοκίνητο

car-sharing
διαμοιρασμός αυτοκινήτων

insleepvoertuig
γερανός

vullisverwydering
απορριμματοφόρο

enjin
κινητήρας

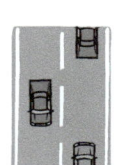

brandstof
καύσιμο

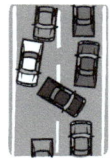

vulstasie
βενζινάδικο

verkeersteken
πινακίδα σήμανσης

verkeer
κυκλοφορία

verkeersknoop
κυκλοφοριακή συμφόρηση

parkeerplek
χώρος στάθμευσης

stasie
σιδηροδρομικός σταθμός

spore
σιδηροδρομικές γραμμές

trein
τρένο

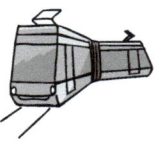

tram
τραμ

wa
βαγόνι

helikopter
ελικόπτερο

lughawe
αεροδρόμιο

toring
πύργος

passasier
επιβάτης

houer
εμπορευματοκιβώτιο

karton
χαρτοκιβώτιο

karretjie
καρότσι

mandjie
καλάθι

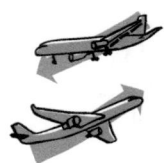

opstyg / land
απογειώνομαι /
προσγειόνομαι

stad
πόλη

dorpie
χωριό

middestad
κέντρο της πόλης

huis
σπίτι

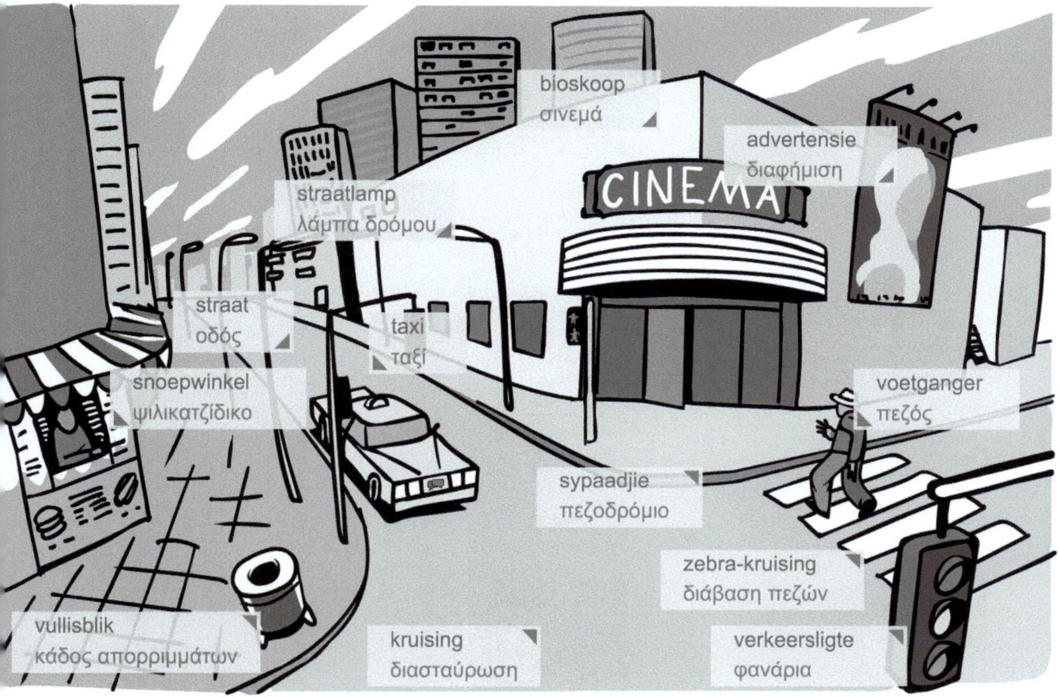

bioskoop
σινεμά

advertensie
διαφήμιση

CINEMA

straatlamp
λάμπα δρόμου

straat
οδός

taxi
ταξί

snoepwinkel
ψιλικατζίδικο

voetganger
πεζός

sypaadjie
πεζοδρόμιο

zebra-kruising
διάβαση πεζών

vullisblik
κάδος απορριμμάτων

kruising
διασταύρωση

verkeersligte
φανάρια

hut

καλύβα

woonstel

διαμέρισμα

stasie

σιδηροδρομικός σταθμός

stadsaal

δημαρχείο

museum

μουσείο

skool

σχολείο

universiteit

πανεπιστήμιο

bank

τράπεζα

hospitaal

νοσοκομείο

hotel

ξενοδοχείο

apteek

φαρμακείο

kantoor

γραφείο

boekwinkel

βιβλιοπωλείο

winkel

κατάστημα

bloemis

ανθοπωλείο

supermark

σούπερ μάρκετ

mark

αγορά

handelshuis

πολυκατάστημα

viswinkel

ιχθυοπωλείο

inkopiesentrum

εμπορικό κέντρο

hawe

λιμάνι

park

πάρκο

bankie

παγκάκι

brug

γέφυρα

trappe

σκάλες

moltrein

μετρό

tonnel

τούνελ

bushalte

στάση λεωφορείου

kroeg

μπαρ

restaurant

εστιατόριο

posbus

γραμματοκιβώτιο

straatnaambord

πινακίδα δρόμου

parkeermeter

παρκόμετρο

dieretuin

ζωολογικός κήπος

swembad

πισίνα

moskee

τζαμί

plaas

αγρόκτημα

besoedeling

ρύπανση

begraafplaas

νεκροταφείο

kerk

εκκλησία

speelgrond

παιδική χαρά

tempel

ναός

landskap

τοπίο

blaar
φύλλο

padwyser
πινακίδα κατεύθυνσης

pad
δρόμος

weiland
λιβάδι

klip
πέτρα

boom
δέντρο

voetslaner
πεζοπόρος

rivier
ποτάμι

gras
χορτάρι

blom
λουλούδι

vallei

κοιλάδα

heuwel

λόφος

meer

λίμνη

bos

δάσος

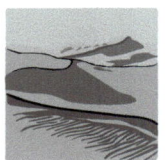

woestyn

έρημος

vulkaan

ηφαίστειο

kasteel

κάστρο

reënboog

ουράνιο τόξο

sampioen

μανιτάρι

palmboom

φοίνικας

muskiet

κουνούπι

vlieg

μύγα

mier

μυρμήγκι

by

μέλισσα

spinnekop

αράχνη

landskap - τοπίο

miskruier

σκαθάρι

padda

βάτραχος

eekhoring

σκίουρος

krimpvarkie

σκαντζόχοιρος

haas

λαγός

uil

κουκουβάγια

voël

πουλί

swaan

κύκνος

wildevark

αγριογούρουνο

takbok

ελάφι

elk

άλκη

opgaardam

φράγμα

windturbine

ανεμογεννήτρια

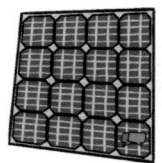

sonpaneel

ηλιακός συλλέκτης

klimaat

κλίμα

restaurant

εστιατόριο

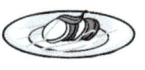

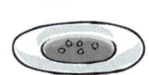

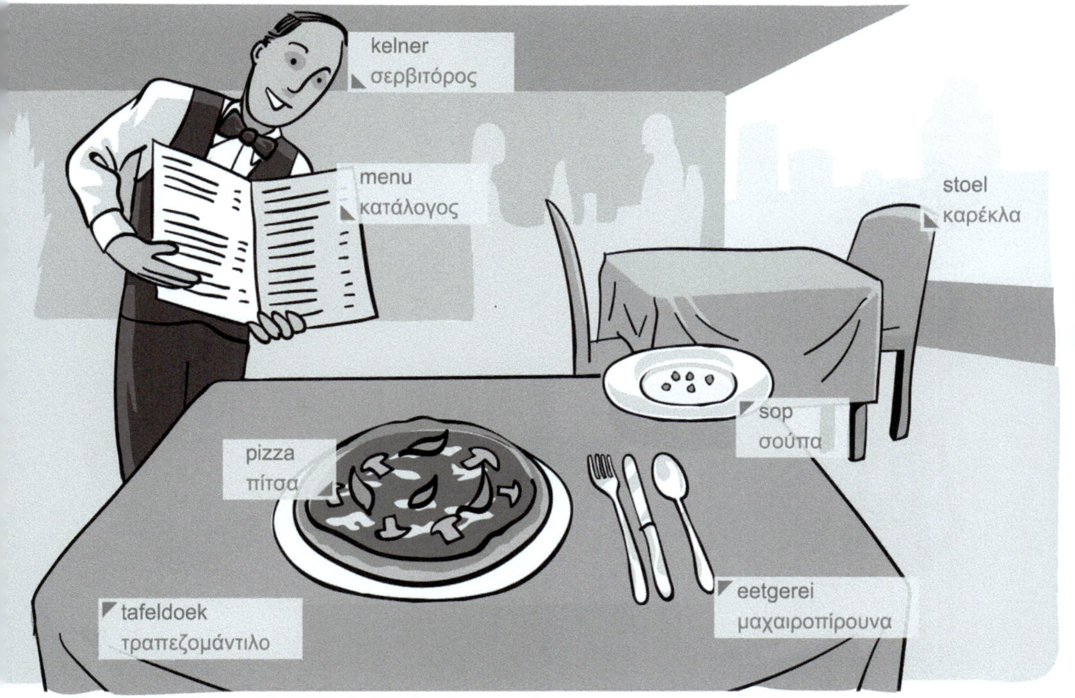
kelner
σερβιτόρος
menu
κατάλογος
stoel
καρέκλα
sop
σούπα
pizza
πίτσα
eetgerei
μαχαιροπίρουνα
tafeldoek
τραπεζομάντιλο

voorgereg

ορεκτικό

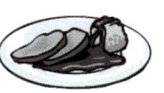

hoofgereg

κύριο πιάτο

nagereg

επιδόρπιο

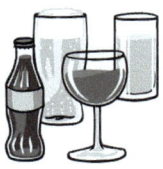

drankies

ποτά

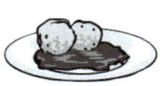

kos

φαγητό

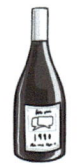

bottel

μπουκάλι

kitskos

φαστ φουντ

straatkos

φαγητό στ' όρθιο

teepot

τσαγιέρα

suikerverpakking

δοχείο ζάχαρης

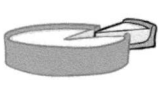

porsie

μερίδα

espresso masjien

μηχανή εσπρέσο

hoë stoel

ψηλή καρέκλα

rekening

λογαριασμός

skinkbord

δίσκος

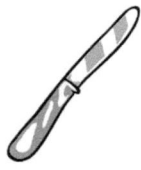

mes

μαχαίρι

vurk

πιρούνι

lepel

κουτάλι

teelepel

κουταλάκι του τσαγιού

servet

πετσέτα φαγητού

glas

ποτήρι

gereg

πιάτο

sopbakkie

πιάτο σούπας

piering

πιατάκι φλιτζανιού

sous

σάλτσα

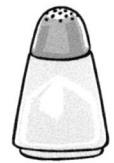

soutpot

αλατιέρα

pepermeul

μύλος για πιπέρι

asyn

ξύδι

olie

λάδι

speserye

μπαχαρικά

tamatiesous

κέτσαπ

mosterd

μουστάρδα

mayonaise

μαγιονέζα

supermark

σούπερ μάρκετ

spesiale aanbieding
προσφορά
FOR
kliënt
πελάτης
suiwelprodukte
γαλακτοκομικά προϊόντα
vrugte
φρούτα
trollie
καρότσι για ψώνια

BUTCHERS

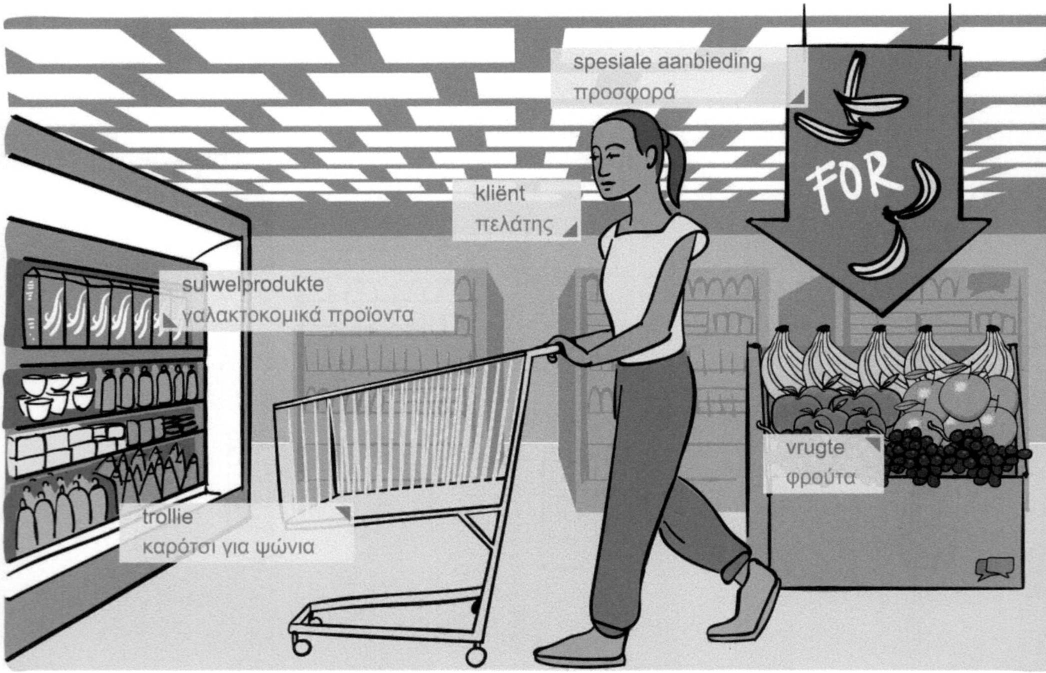

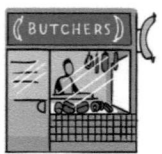

slaghuis

κρεοπωλείο

BAKERY

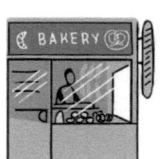

bakkery

φούρνος

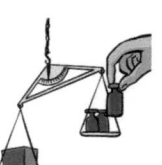

weeg

ζυγίζω

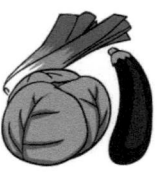

groente

λαχανικά

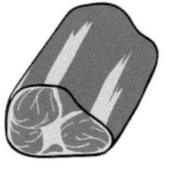

vleis

κρέας

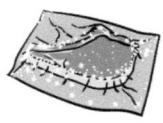

bevrore voedsel

κατεψυγμένα τρόφιμα

kouevleis

αλλαντικά

blikkieskos

κονσερβοποιημένη τροφή

waspoeier

απορρυπαντικό ρούχων

lekkers

γλυκά

huishoudelike produkte

οικιακά είδη

skoonmaakprodukte

καθαριστικά προϊόντα

verkoopsvrou

πωλήτρια

kasregister

ταμείο

kassier

ταμίας

inkopielys

λίστα για ψώνια

besigheidsure

ωράριο λειτουργίας

beursie

πορτοφόλι

kredietkaart

πιστωτική κάρτα

sak

τσάντα

plastieksak

πλαστική σακούλα

water
νερό

sap
χυμός

melk
γάλα

coke
κόκα κόλα

wyn
κρασί

bier
μπίρα

alkohol
αλκοόλ

kakao
κακάο

tee
τσάι

koffie
καφές

espresso
εσπρέσο

cappuccino
καπουτσίνο

piesang

μπανάνα

appel

μήλο

lemoen

πορτοκάλι

waatlemoen

πεπόνι

suurlemoen

λεμόνι

wortel

καρότο

knoffel

σκόρδο

bamboes

μπαμπού

ui

κρεμμύδι

sampioen

μανιτάρι

neute

ξηροί καρποί

noedels

νουντλς

spaghetti

μακαρόνια

rys

ρύζι

slaai

σαλάτα

aartappelskyfies

πατατάκια

gebraaide aartappels

τηγανητές πατάτες

pizza

πίτσα

hamburger

χάμπουργκερ

toebroodjie

σάντουιτς

kotelet

κοτολέτα

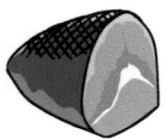

ham

ζαμπόν

salami

σαλάμι

wors

λουκάνικο

hoender

κοτόπουλο

braaivleis

ψητό

vis

ψάρι

hawermoutflokkies

χυλός βρώμης

muesli

μούσλι

graanvlokkies

κορν φλέικς

meel

αλεύρι

croissant

κρουασάν

broodrolletjie

ψωμάκι

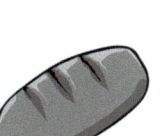

brood

ψωμί

roosterbrood

τοστ

koekies

μπισκότα

botter

βούτυρο

dikmelk

τυρόπηγμα

koek

κέικ

eier

αυγό

gebraaide eier

τηγανητό αυγό

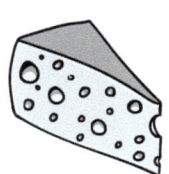

kaas

τυρί

roomys

παγωτό

suiker

ζάχαρη

heuning

μέλι

konfyt

μαρμελάδα

nougat-smeer

άλλειμμα σοκολάτας

kerrie

κάρυ

plaas
αγρόκτημα

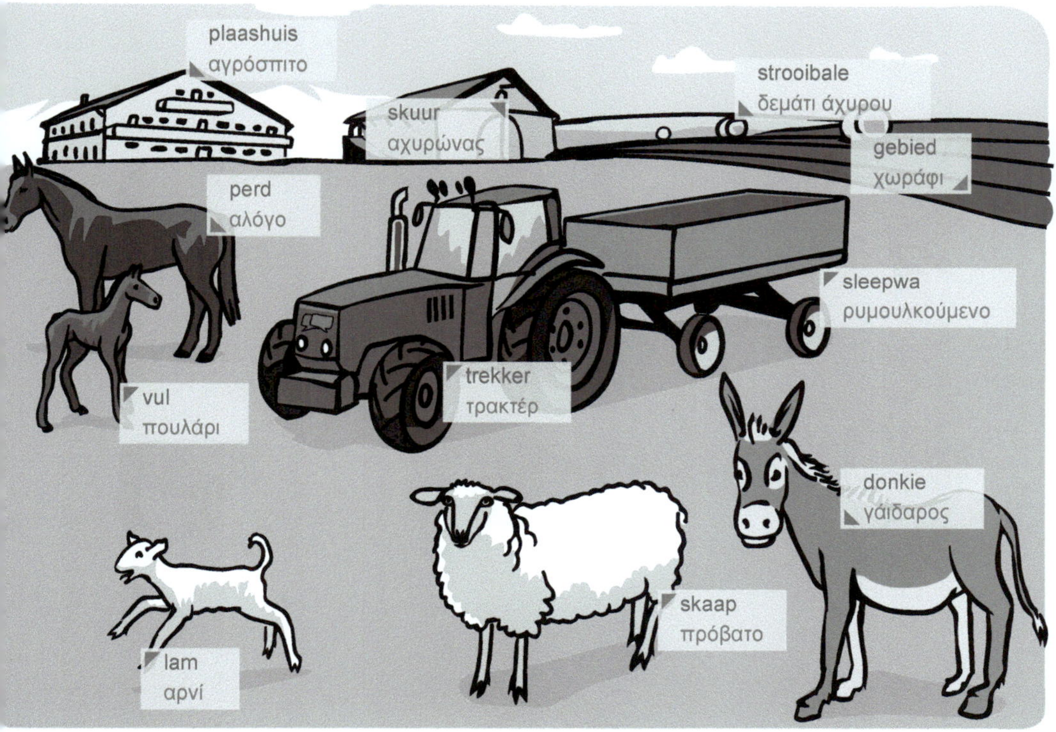
plaashuis
αγρόσπιτο
skuur
αχυρώνας
strooibale
δεμάτι άχυρου
gebied
χωράφι
perd
αλόγο
sleepwa
ρυμουλκούμενο
trekker
τρακτέρ
vul
πουλάρι
donkie
γάιδαρος
skaap
πρόβατο
lam
αρνί

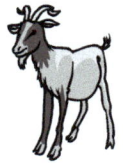

bok

κατσίκα

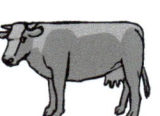

koei

αγελάδα

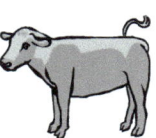

kalf

μοσχαράκι

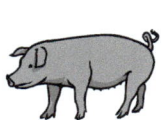

vark

γουρούνι

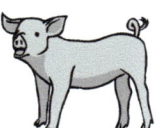

varkie

γουρουνάκι

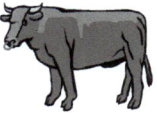

bul

ταύρος

gans
χήνα

eend
πάπια

kuiken
κοτοπουλάκι

hen
κότα

haan
κόκορας

rot
αρουραίος

kat
γάτα

muis
ποντίκι

os
βόδι

hond
σκύλος

hondehok
σπιτάκι σκύλου

tuinslang
λάστιχο κήπου

gieter
ποτιστήρι

sens
θεριστήρι

ploeg
αλέτρι

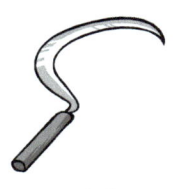

sekel

δρεπάνι

skoffel

τσάπα

gaffel

δίκρανο

byl

τσεκούρι

kruiwa

χειράμαξα

trog

ταΐστρα

melkkan

δοχείο γάλακτος

sak

σάκος

heining

φράχτης

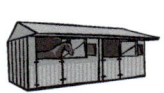

stal

στάβλος

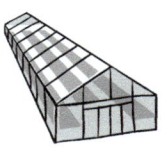

kweekhuis

θερμοκήπιο

grond

έδαφος

saad

σπόρος

kunsmis

λίπασμα

stroper

θεριζοαλωνιστική μηχανή

oes

θερίζω

oes

συγκομιδή

yam

γιαμς

koring

σιτάρι

soja

σόγια

aartappel

πατάτα

koring

καλαμπόκι

raapsaad

κράμβη

vrugteboom

οπωροφόρο δέντρο

broodwortel

μανιόκα

graan

δημητριακά

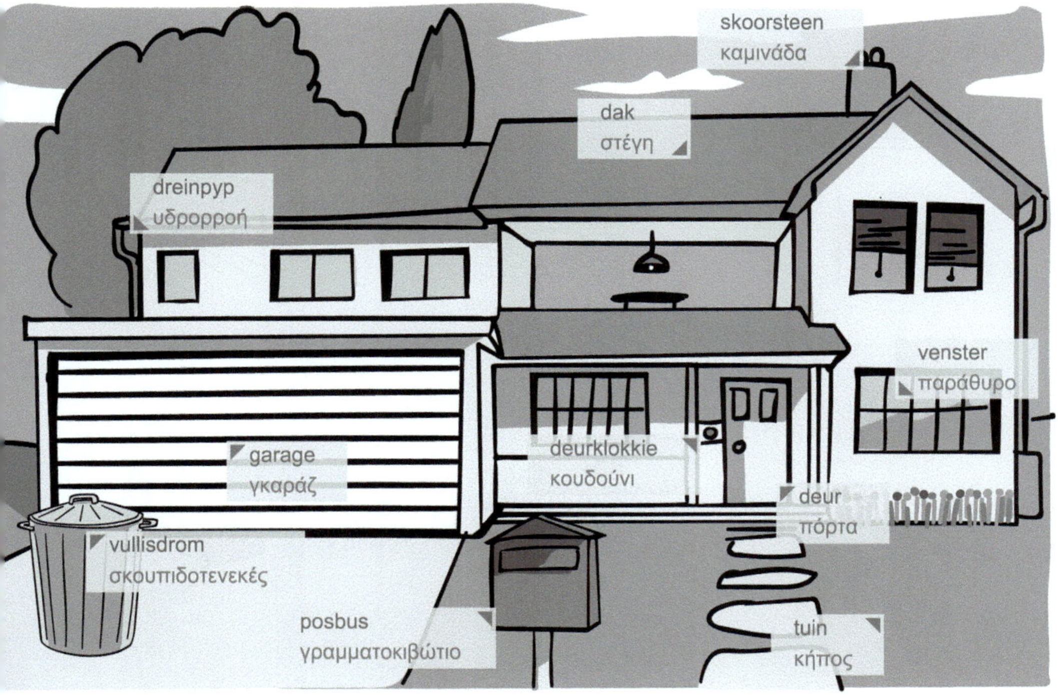

skoorsteen
καμινάδα

dak
στέγη

dreinpyp
υδρορροή

venster
παράθυρο

garage
γκαράζ

deurklokkie
κουδούνι

deur
πόρτα

vullisdrom
σκουπιδοτενεκές

posbus
γραμματοκιβώτιο

tuin
κήπος

woonkamer

σαλόνι

badkamer

μπάνιο

kombuis

κουζίνα

slaapkamer

υπνοδωμάτιο

kinderkamer

παιδικό δωμάτιο

eetkamer

τραπεζαρία

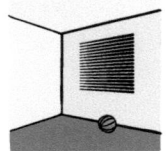

vloer

πάτωμα

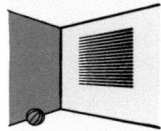

muur

τοίχος

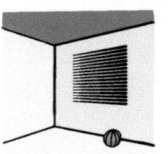

plafon

οροφή

kelder

κελάρι

sauna

σάουνα

balkon

μπαλκόνι

terras

βεράντα

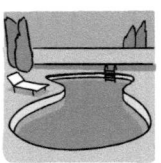

swembad

πισίνα

grassnyer

μηχανή του γκαζόν

beddegoedoortreksel

σεντόνι

deken

κάλυμμα κρεβατιού

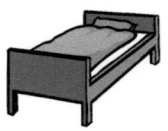

bed

κρεβάτι

besem

σκούπα

emmer

κουβάς

skakelaar

διακόπτης

woonkamer
σαλόνι

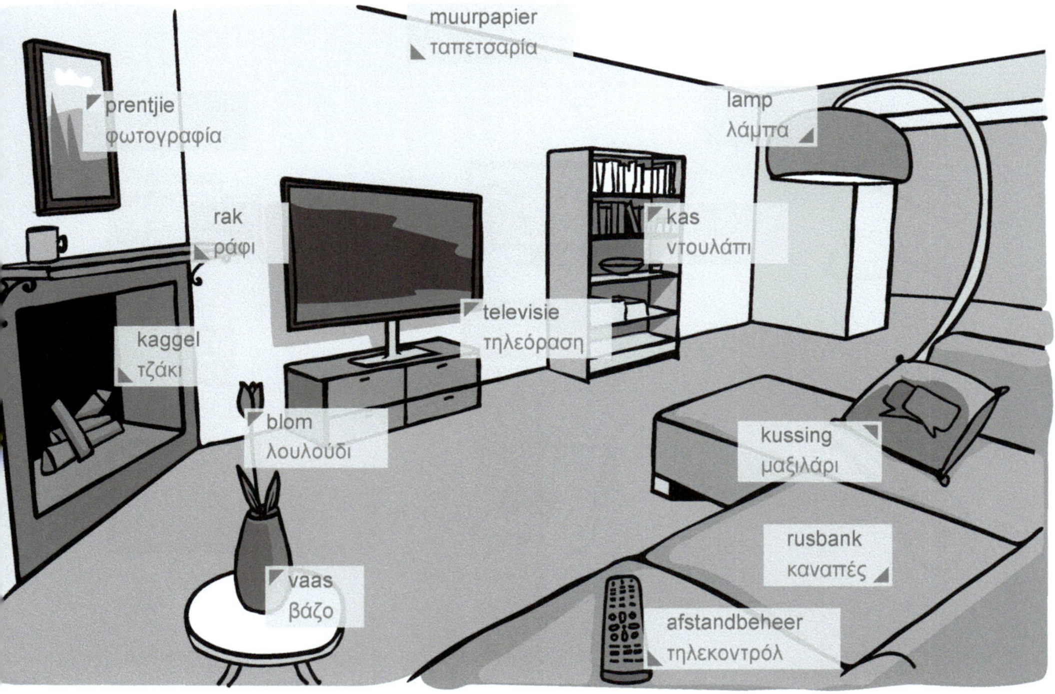
muurpapier
ταπετσαρία
prentjie
φωτογραφία
lamp
λάμπα
rak
ράφι
kas
ντουλάπι
televisie
τηλεόραση
kaggel
τζάκι
blom
λουλούδι
kussing
μαξιλάρι
rusbank
καναπές
vaas
βάζο
afstandbeheer
τηλεκοντρόλ

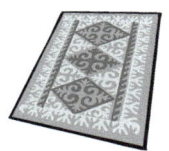

mat

χαλί

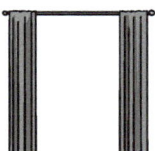

gordyn

κουρτίνα

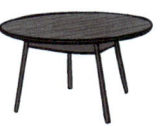

tafel

τραπέζι

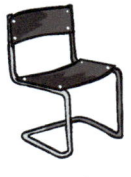

stoel

καρέκλα

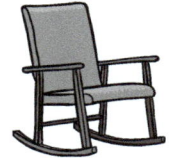

wiegstoel

κουνιστή πολυθρόνα

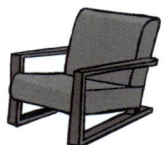

leunstoel

πολυθρόνα

boek

βιβλίο

kombers

κουβέρτα

versiering

διακόσμηση

vuurmaakhout

καυσόξυλα

film

ταινία

hoëtroustel

στερεοφωνικό σύστημα

sleutel

κλειδί

koerant

εφημερίδα

skildery

πίνακας ζωγραφικής

plakkaat

αφίσα

radio

ραδιόφωνο

notaboekie

σημειωματάριο

stofsuier

ηλεκτρική σκούπα

kaktus

κάκτος

kers

κερί

kombuis
κουζίνα

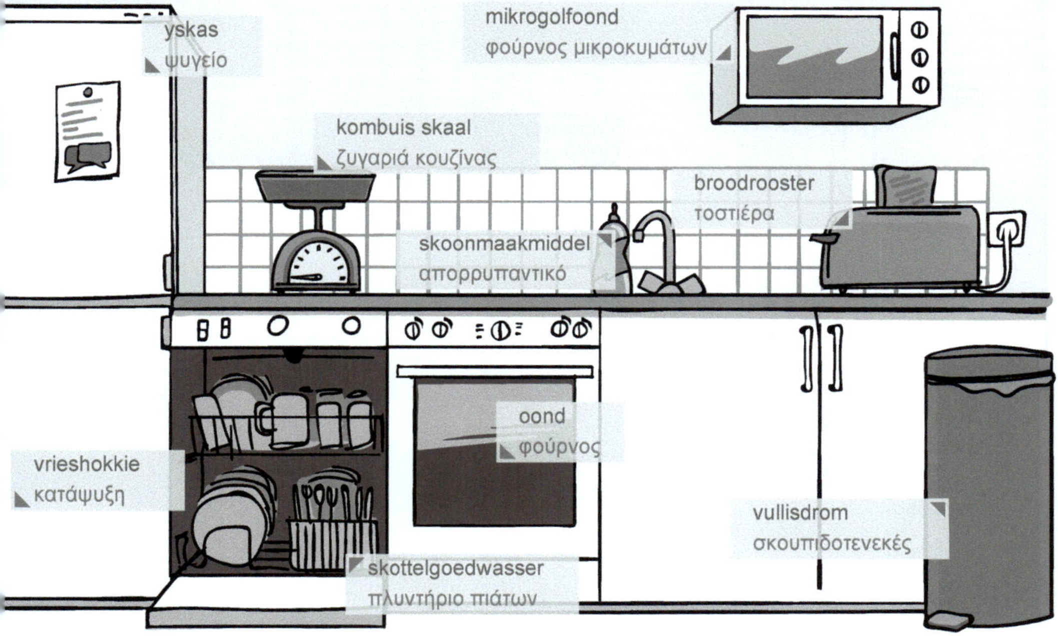
yskas
ψυγείο
mikrogolfoond
φούρνος μικροκυμάτων
kombuis skaal
ζυγαριά κουζίνας
broodrooster
τοστιέρα
skoonmaakmiddel
απορρυπαντικό
oond
φούρνος
vrieshokkie
κατάψυξη
vullisdrom
σκουπιδοτενεκές
skottelgoedwasser
πλυντήριο πιάτων

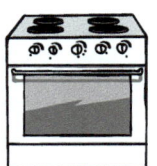

drukkoker

κουζίνα

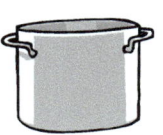

pot

κατσαρόλα

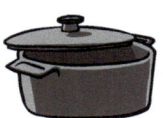

ysterpot

μαντεμένια κατσαρόλα

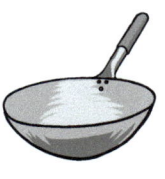

wok / kadai

γουόκ/καντάι

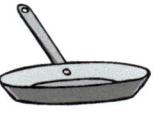

pan

τηγάνι

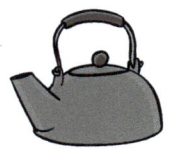

ketel

βραστήρας

stoomkoker

ατμομάγειρας

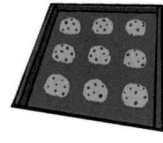

bakplaat

ταψί

breekware

πιατικά

beker

κούπα

bak

μπολ

eetstokkie

ξυλάκια

skeplepel

κουτάλα

spatel

σπάτουλα

klitser

ανακατεύω

sif

σουρωτήρι

sif

σουρωτηράκι

rasper

τρίφτης

vysel

γουδί

braai

ψησταριά

oop vuur

ανοιχτή φωτιά

broodplank

σανίδα κοπής

koekroller

πλάστης

kurktrekker

ανοιχτήρι φελλών

kan

κονσέρβα

blikoopmaker

ανοιχτήρι κονσέρβας

vatlap

γάντι φούρνου

opwasbak

νεροχύτης

borsel

βούρτσα

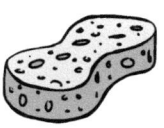

spons

σφουγγάρι

menger

μπλέντερ

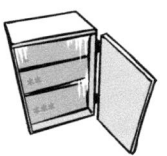

vrieskas

καταψύκτης

bababottel

μπιμπερό

kraan

βρύση

badkamer
μπάνιο

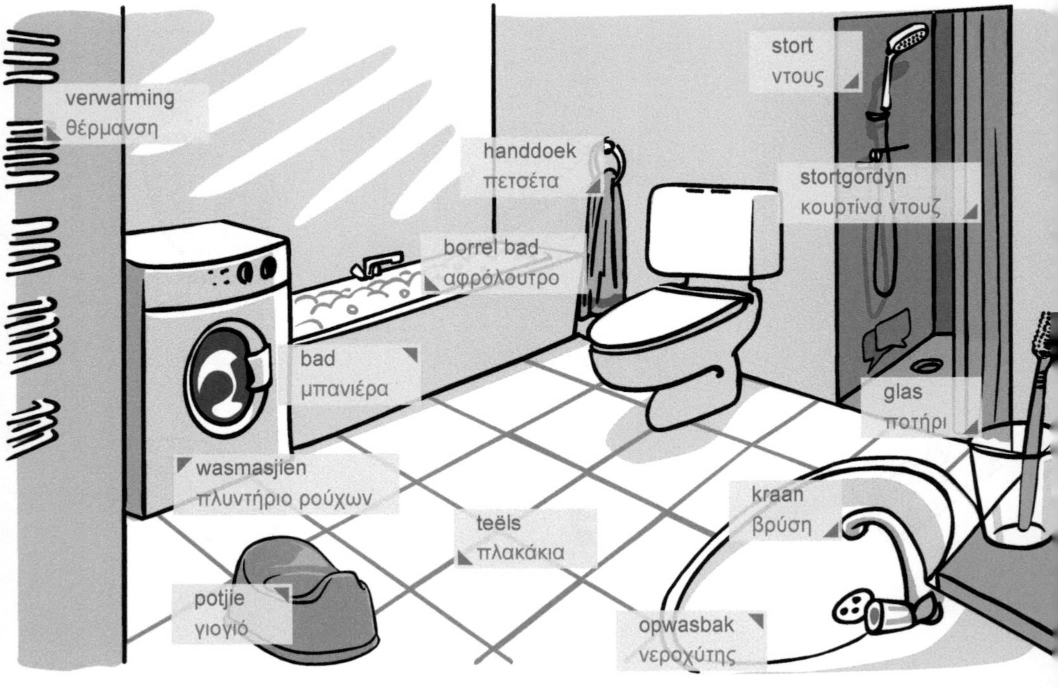

verwarming
θέρμανση

stort
ντους

handdoek
πετσέτα

stortgordyn
κουρτίνα ντουζ

borrel bad
αφρόλουτρο

bad
μπανιέρα

glas
ποτήρι

wasmasjien
πλυντήριο ρούχων

teëls
πλακάκια

kraan
βρύση

potjie
γιογιό

opwasbak
νεροχύτης

toilet

τουαλέτα

hurktoilet

τούρκικη τουαλέτα

bidet

μπιντές

urinaal

ουρητήριο

toiletpapier

χαρτί υγείας

toiletborsel

πιγκάλ

tandeborsel

οδοντόβουρτσα

tandepasta

οδοντόκρεμα

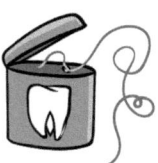

tande vlos

οδοντικό νήμα

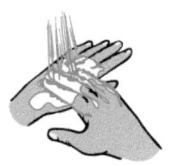

was

πλένω

handstort

τηλέφωνο ντους

stort

ντουσιέρα

wasbak

λεκάνη

rugkantborsel

βούρτσα πλάτης

seep

σαπούνι

stortgel

αφρόλουτρο

sjampoe

σαμπουάν

flanel

φανέλα

drein

σιφόνι

room

κρέμα

reukweerder

αποσμητικό

spieël

καθρέφτης

spieëltjie

καθρέφτης χειρός

skeermes

ξυραφάκι

skeerroom

αφρός ξυρίσματος

naskeermiddel

αφτερσέιβ

kam

χτένα

borsel

βούρτσα

haardroër

σεσουάρ

haarsproei

λακ

grimmering

μακιγιάζ

lipstifie

κραγιόν

naellak

βερνίκι νυχιών

watte

βαμβάκι

naelknipper

ψαλίδι νυχιών

parfuum

άρωμα

toiletsakkie

νεσεσέρ

stoel

σκαμπό

skaal

ζυγαριά

badjas

μπουρνούζι

rubberhandskoene

ελαστικά γάντια

tampon

ταμπόν

sanitêre handdoek

πετσέτα υγιεινής

chemiese toilet

χημική τουαλέτα

kinderkamer

παιδικό δωμάτιο

wekker
ξυπνητήρι
snoesige speelding
λούτρινο ζωάκι
speelgoedkarretjie
αυτοκινητάκι
ratel
κουδουνίστρα
pophuis
κουκλόσπιτο
geskenk
δώρο

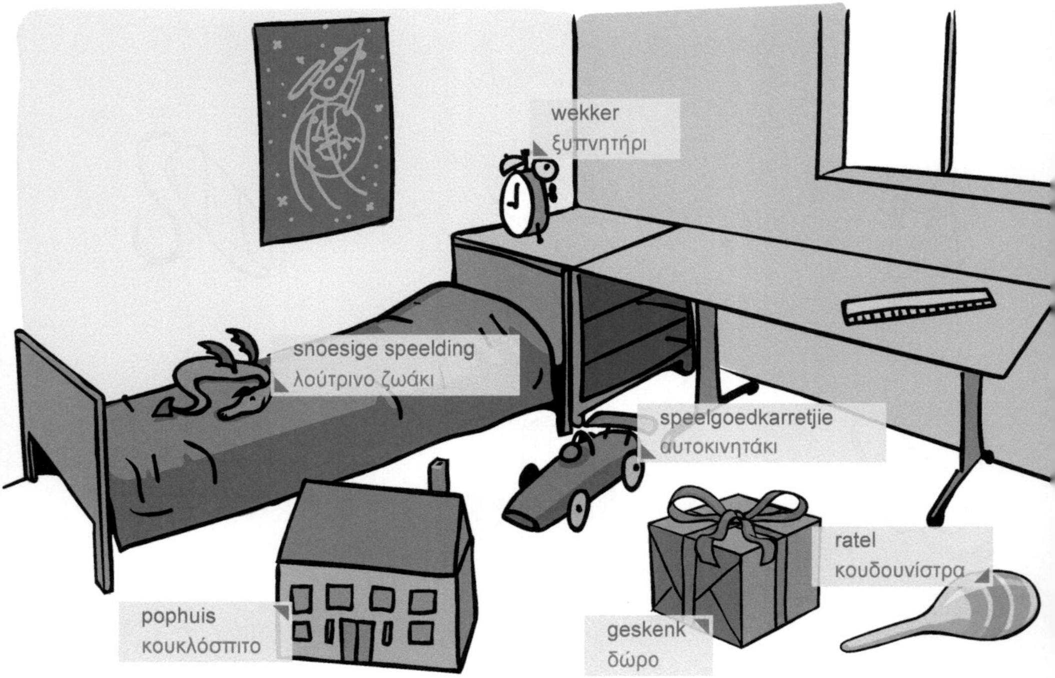

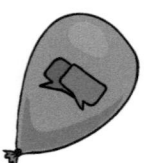

ballon

μπαλόνι

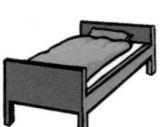

bed

κρεβάτι

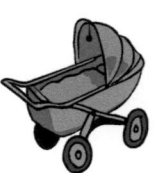

stootwaentjie

καροτσάκι

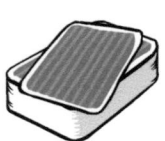

kaartespel

τράπουλα

legkaart

παζλ

SUPER
MEGA

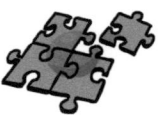

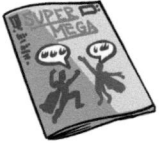

tekenprent

κόμικς

lego-blokkies

τουβλάκια lego

speelgoedblokke

τουβλάκια κατασκευών

animasieheld

φιγούρα δράσης

groeipakkie

βρεφικό φορμάκι

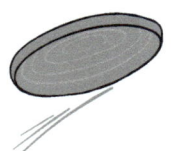

frisbee

φρίσμπι

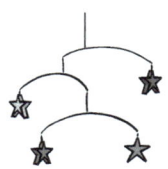

mobile

μόμπιλο

bordspeletjie

επιτραπέζιο παιχνίδι

dobbelsteen

ζάρια

model trein stel

σετ τρενάκι

fopspeen

πιπίλα

partytjie

πάρτι

prenteboek

εικονογραφημένο βιβλίο

bal

μπάλα

pop

κούκλα

speel

παίζω

sandput

σκάμμα με άμμο

swaai

κούνια

speelgoed

παιχνίδια

videospeletjie-konsole

κονσόλα βιντεοπαιχνιδιών

driewiel

τρίκυκλο

teddiebeer

αρκουδάκι

klerekas

ντουλάπα

klere

ρούχα

sokkies

κάλτσες

kouse

καλτσοδέτες

broekiekouse

καλσόν

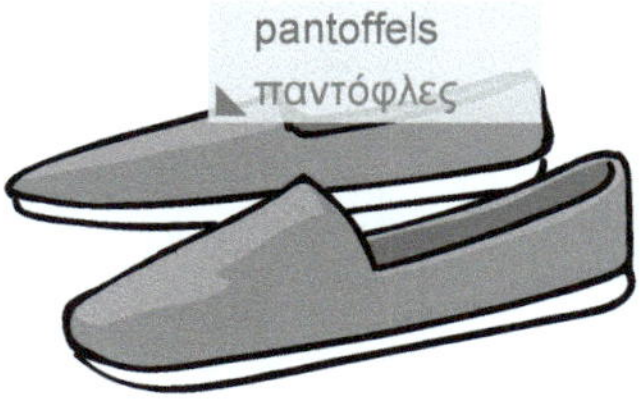

serp
κασκόλ

sambreel
ομπρέλα

t-hemp
μπλουζάκι

belt
ζώνη

skoene
μπότες

pantoffels
παντόφλες

tekkies
αθλητικά παπούτσια

sandale

σανδάλια

skoene

παπούτσια

rubber stewels

γαλότσες

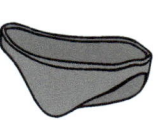

onderbroek

εσώρουχο

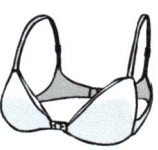

bra

σουτιέν

onderbaadjie

φανέλα

liggaam

σώμα

broek

παντελόνι

jeans

τζιν παντελόνι

romp

φούστα

bloes

μπλούζα

hemp

πουκάμισο

oortrektrui

πουλόβερ

oortrektrui

πουλόβερ

baadjie

σακάκι

baadjie

μπουφάν

jas

παλτό

reënjas

αδιάβροχο πανωφόρι

kostuum

κοστούμι

rok

φόρεμα

trourok

νυφικό

pak
κοστούμι

nagrok
νυχτικό

pajamas
πιτζάμες

sari
σάρι

kopdoek
μαντήλι

tulband
τουρμπάνι

burqa
μπούρκα

kaftan
καφτάνι

abaya
μουσουλμανικό ένδυμα

swembroek
ολόσωμο μαγιό

swembroek
ανδρικό μαγιό

kortbroek
σορτς

sweetpak
αθλητική φόρμα

voorskoot
ποδιά

handskoene
γάντια

knoppie

κουμπί

bril

γυαλιά

armband

βραχιόλι

halssnoer

περιδέραιο

ring

δαχτυλίδι

oorbel

σκουλαρίκι

pet

καπέλο

klerehanger

κρεμάστρα

hoed

καπέλο

das

γραβάτα

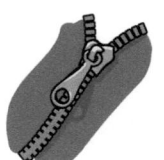

rits

φερμουάρ

helmet

κράνος

draadjies

τιράντες

skooluniform

μαθητική στολή

uniform

στολή

bib
σαλιάρα

fopspeen
πιπίλα

doek
πάνα

kantoor
γραφείο

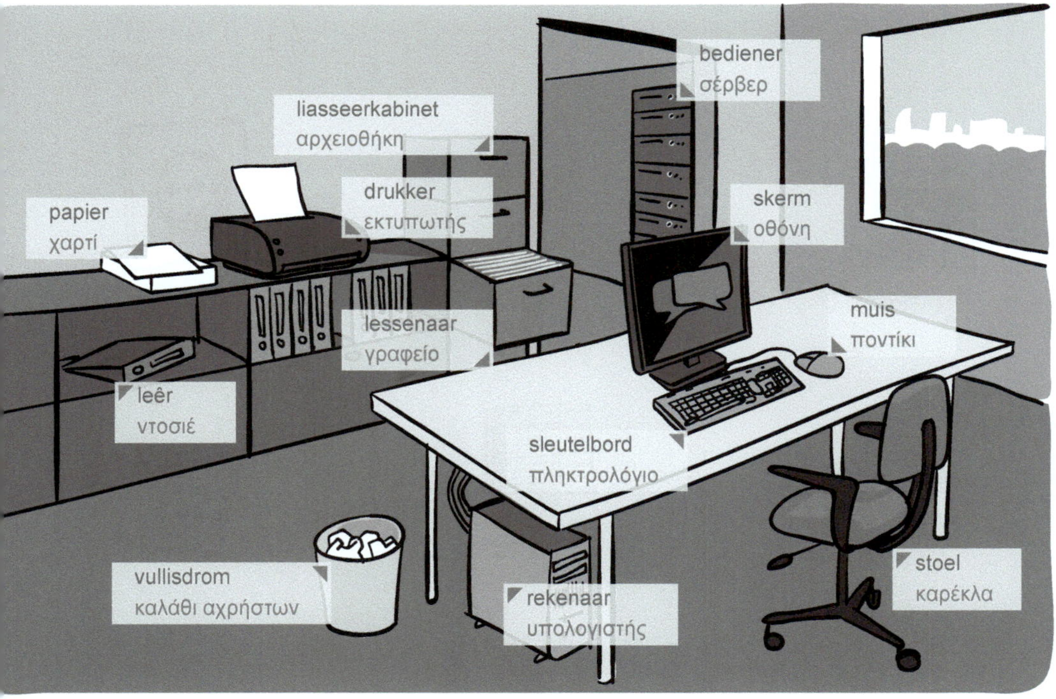

bediener
σέρβερ

liasseerkabinet
αρχειοθήκη

drukker
εκτυπωτής

papier
χαρτί

skerm
οθόνη

lessenaar
γραφείο

muis
ποντίκι

leêr
ντοσιέ

sleutelbord
πληκτρολόγιο

vullisdrom
καλάθι αχρήστων

stoel
καρέκλα

rekenaar
υπολογιστής

koffiebeker
κούπα του καφέ

sakrekenaar
κομπιουτεράκι

internet
ίντερνετ

skootrekenaar

λάπτοπ

brief

γράμμα

boodskap

μήνυμα

selfoon

κινητό

netwerk

δίκτυο

fotostaatmasjien

φωτοτυπικό μηχάνημα

sagteware

λογισμικό

telefoon

τηλέφωνο

muurprop

πρίζα

faksmasjien

συσκευή φαξ

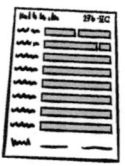

vorm

έντυπο

dokument

έγγραφο

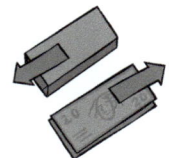

koop

αγοράζω

betaal

πληρώνω

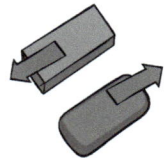

besigheid doen

συναλλάσσομαι

geld

χρήματα

dollar

δολάριο

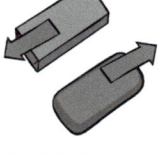

euro

ευρώ

yen

γιεν

roebel

ρούβλι

switserse frank

ελβετικό φράγκο

renminbi yuan

ρενμίνμπι γιουάν

rupee

ρουπία

kontantteller (ATM)

ATM (αυτόματη ταμειακή μηχανή)

bureau de change

ανταλλακτήρια συναλλάγματος

goud

χρυσός

silwer

ασήμι

olie

πετρέλαιο

energie

ενέργεια

prys

τιμή

kontrak

συμβόλαιο

belasting

φόρος

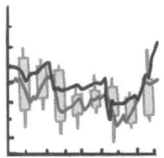

aandele

μετοχή

werk

δουλεύω

werknemer

υπάλληλος

werkgewer

εργοδότης

fabriek

εργοστάσιο

winkel

κατάστημα

beroepe
επαγγέλματα

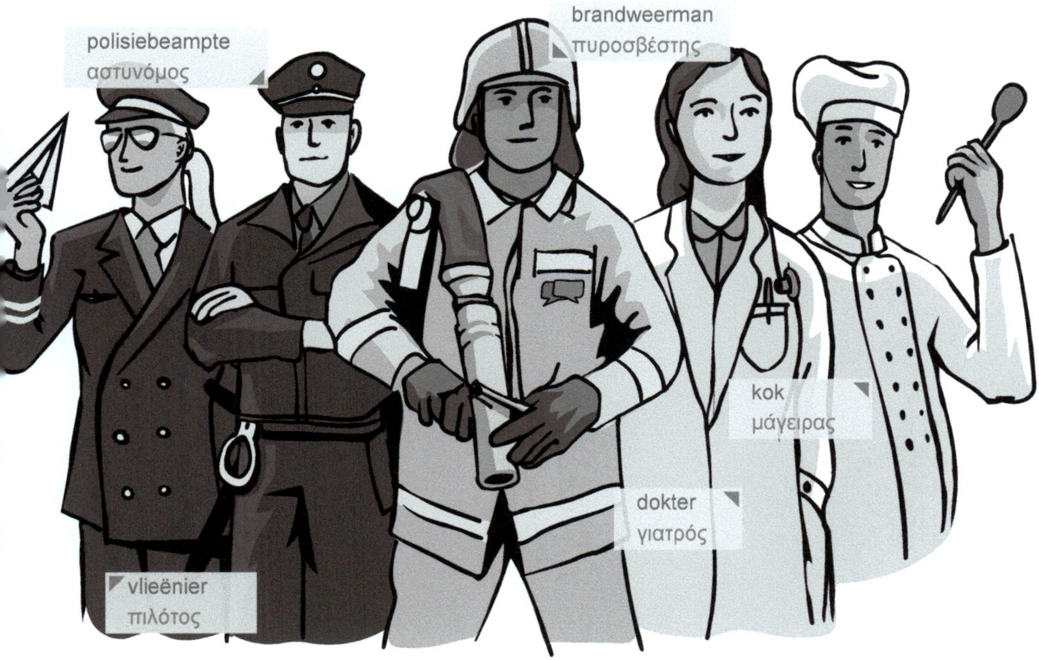

polisiebeampte
αστυνόμος
brandweerman
πυροσβέστης
kok
μάγειρας
dokter
γιατρός
vlieënier
πιλότος

tuinier

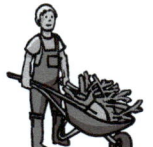

κηπουρός

timmerman

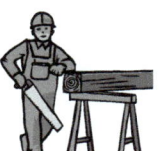

ξυλουργός

naaldwerkster

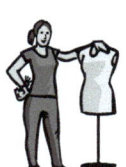

μοδίστρα

regter

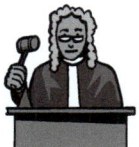

δικαστής

chemikus

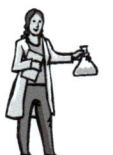

χημικός

akteur

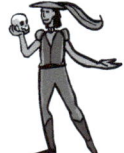

ηθοποιός

busbestuurder

οδηγός λεωφορείου

taxibestuurder

ταξιτζής

visserman

ψαράς

skoonmaakvrou

καθαρίστρια

dakwerker

τεχνίτης στεγών

kelner

σερβιτόρος

jagter

κυνηγός

skilder

ζωγράφος

bakker

αρτοποιός

elektrisiën

ηλεκτρολόγος

bouer

οικοδόμος

ingenieur

μηχανολόγος

slagter

κρεοπώλης

loodgieter

υδραυλικός

posman

ταχυδρόμος

soldaat

στρατιώτης

argitek

αρχιτέκτονας

kassier

ταμίας

bloemiste

ανθοπώλης

haarkapper

κομμωτής

kondukteur

ελεγκτής εισιτηρίων

werktuigkundige

μηχανικός

kaptein

καπετάνιος

tandarts

οδοντίατρος

wetenskaplike

επιστήμονας

rabbi

ραβίνος

imam

ιμάμης

monnik

μοναχός

predikant

ιερέας

gereedskap
εργαλεία

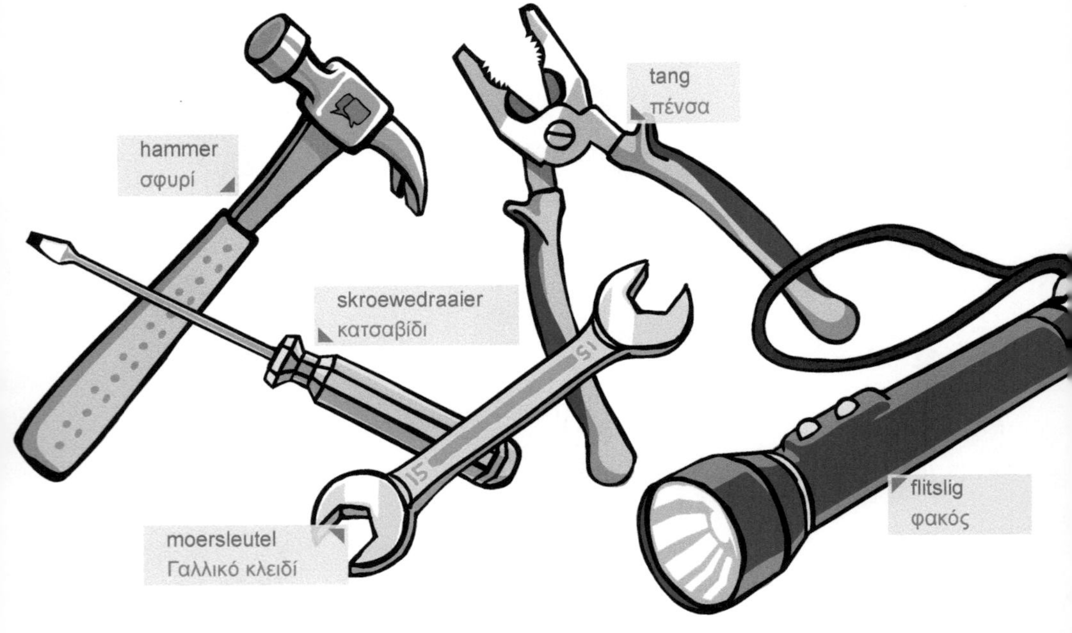
hammer
σφυρί
tang
πένσα
skroewedraaier
κατσαβίδι
moersleutel
Γαλλικό κλειδί
flitslig
φακός

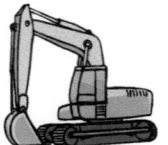

graaftoestel

εκσκαφέας

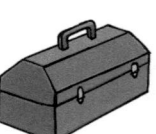

gereedskapskis

εργαλειοθήκη

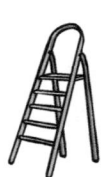

leer

σκάλα

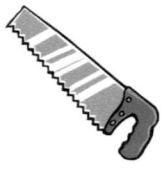

saag

πριόνι

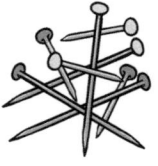

naels

καρφιά

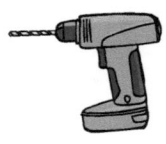

boor

τρυπάνι

regmaak

επισκευάζω

graaf

φτυάρι

verdomp!

Να πάρει!

skoppie

φαράσι

verfpot

δοχείο χρωμάτων

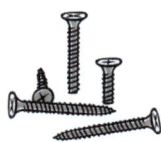

skroewe

βίδες

musiekinstrumente
μουσικά όργανα

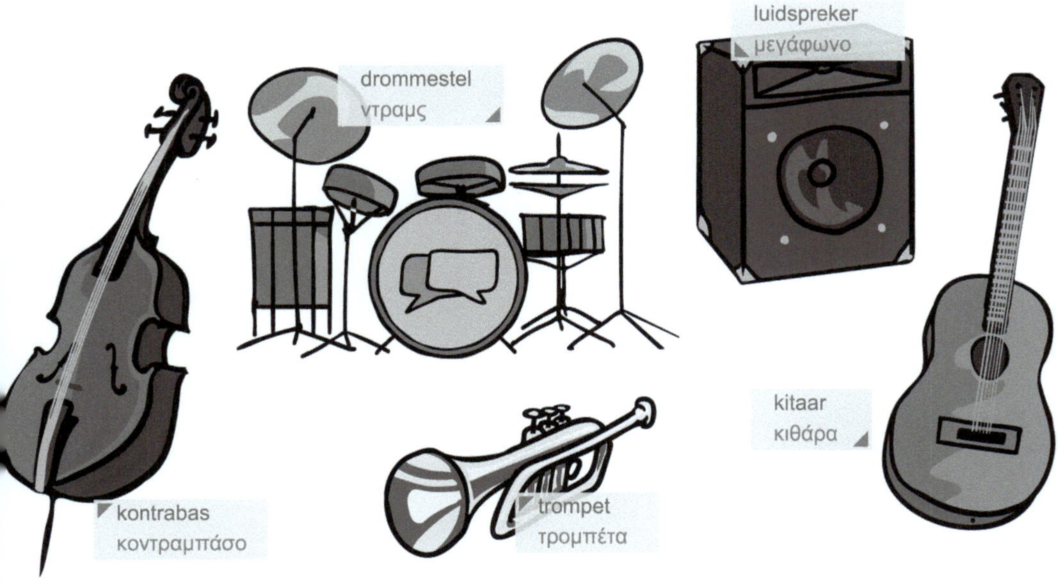

luidspreker
μεγάφωνο

drommestel
ντραμς

kitaar
κιθάρα

kontrabas
κοντραμπάσο

trompet
τρομπέτα

klavier

πιάνο

viool

βιολί

bas

μπάσο

keteltrom

τύμπανα

dromme

τύμπανο

sleutelbord

πλήκτρα

saksofoon

σαξόφωνο

fluit

φλάουτο

mikrofoon

μικρόφωνο

dieretuin

ζωολογικός κήπος

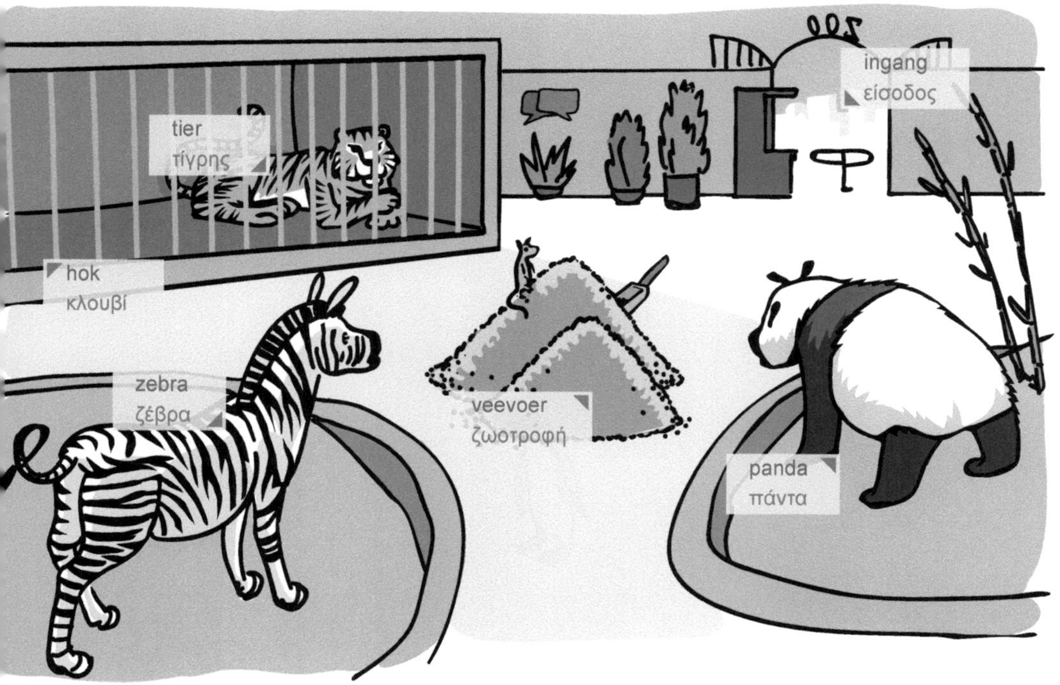
tier
τίγρης
hok
κλουβί
zebra
ζέβρα
veevoer
ζωοτροφή
panda
πάντα
ingang
είσοδος

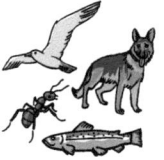

diere

ζώα

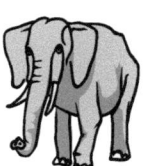

olifant

ελέφαντας

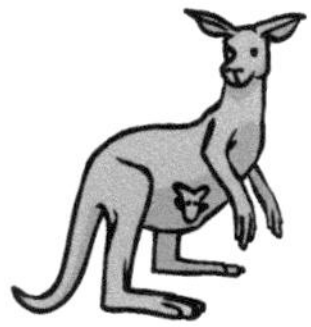

kangaroo

καγκουρό

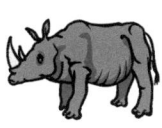

renoster

ρινόκερος

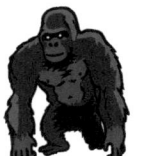

gorilla

γορίλας

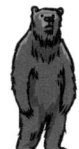

beer

αρκούδα

kameel

καμήλα

volstruis

στρουθοκάμηλος

leeu

λιοντάρι

aap

πίθηκος

flamink

φλαμίνγκο

papegaai

παπαγάλος

ysbeer

πολική αρκούδα

pikkewyn

πιγκουίνος

haai

καρχαρίας

pou

παγώνι

slang

φίδι

krokodil

κροκόδειλος

dieretuinopsigter

φύλακας ζωολογικού κήπου

rob

φώκια

jaguar

τζάγκουαρ

ponie

πόνυ

luiperd

λεοπάρδαλη

seekoei

ιπποπόταμος

kameelperd

καμηλοπάρδαλη

arend

αετός

wildevark

αγριογούρουνο

vis

ψάρι

skilpad

χελώνα

walrus

θαλάσσιος ίππος

jakkals

αλεπού

gemsbok

γαζέλα

Amerikaanse Voetbal
Αμερικάνικο ποδόσφαιρο

fietsry
ποδηλασία

tennis
αντισφαίριση

basketbal
μπάσκετ

swem
κολύμβηση

ys-hokkie
χόκεϋ επί πάγου

boks
πυγμαχία

sokker	pluimbal	atletiek
ποδόσφαιρο	μπάντμιντον	στίβος

handbal	ski	polo
χάντμπολ	σκι	πόλο

spring
πηδάω

drukkie
αγκαλιάζω

lag
γελάω

loop
περπατάω

sing
τραγουδάω

droom
ονειρεύομαι

bid
προσεύχομαι

soen
φιλάω

skryf

γράφω

teken

σχεδιάζω

show

δείχνω

druk

πιέζω

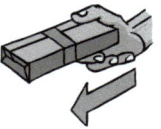

gee

δίνω

neem

παίρνω

het
....
έχω

doen
....
κάνω

wees
....
είμαι

staan
....
στέκομαι

hardloop
....
τρέχω

trek
....
τραβάω

gooi
....
ρίχνω

val
....
πέφτω

jok
....
ξαπλώνω

wag
....
περιμένω

dra
....
κουβαλώ

sit
....
κάθομαι

aantrek
....
φοράω

slaap
....
κοιμάμαι

wakker word
....
ξυπνάω

kyk na

κοιτάω

huil

κλαίω

streel

χαϊδεύω

kam

χτενίζω

praat

μιλάω

verstaan

καταλαβαίνω

vra

ρωτάω

luister

ακούω

drink

πίνω

eet

τρώω

opruim

συγυρίζω

liefhê

αγαπάω

kook

μαγειρεύω

ry

οδηγώ

vlieg

πετάω

aktiwiteite - δραστηριότητες

seil

κάνω ιστιοπλοΐα

bereken

υπολογίζω

lees

διαβάζω

leer

μαθαίνω

werk

δουλεύω

trou

παντρεύομαι

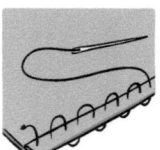

naai

ράβω

tande borsel

βουρτσίζω τα δόντια

doodmaak

σκοτώνω

rook

καπνίζω

stuur

στέλνω

familie
οικογένεια

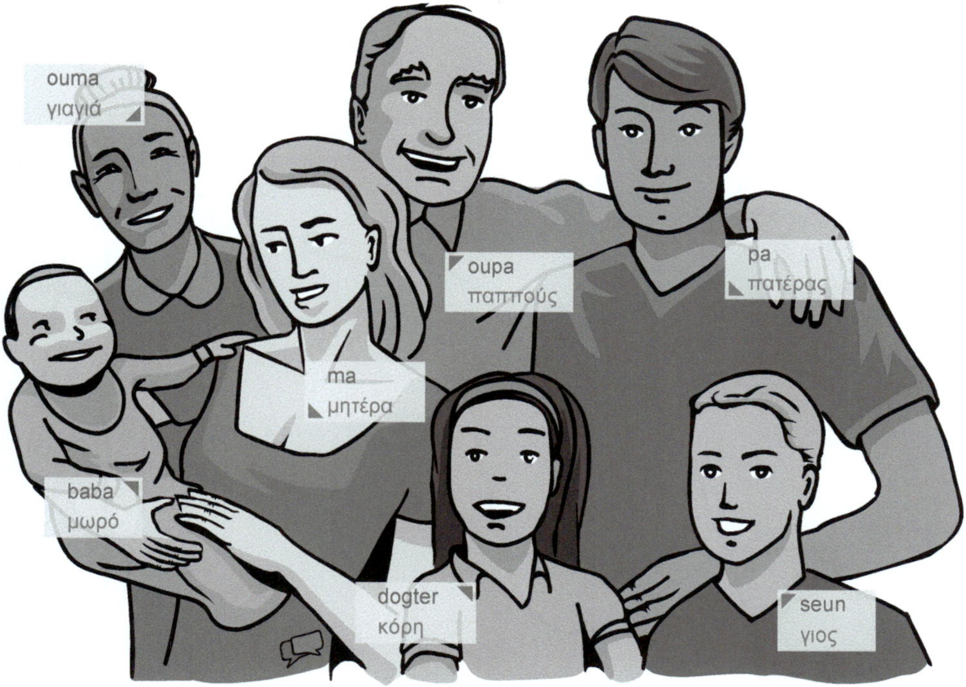

ouma
γιαγιά
oupa
παππούς
pa
πατέρας
ma
μητέρα
baba
μωρό
dogter
κόρη
seun
γιος

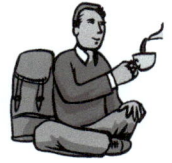

gas
καλεσμένος

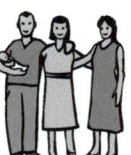

tannie
θεία

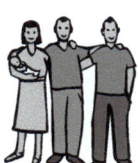

oom
θείος

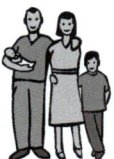

broer
αδελφός

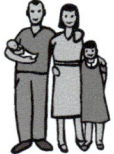

suster
αδελφή

liggaam
σώμα

voorkop
μέτωπο
oog
μάτι
skouer
ώμος
vinger
δάχτυλο
gesig
πρόσωπο
ken
πιγούνι
hand
χέρι
been
πόδι
bors
στήθος
arm
βραχίονας

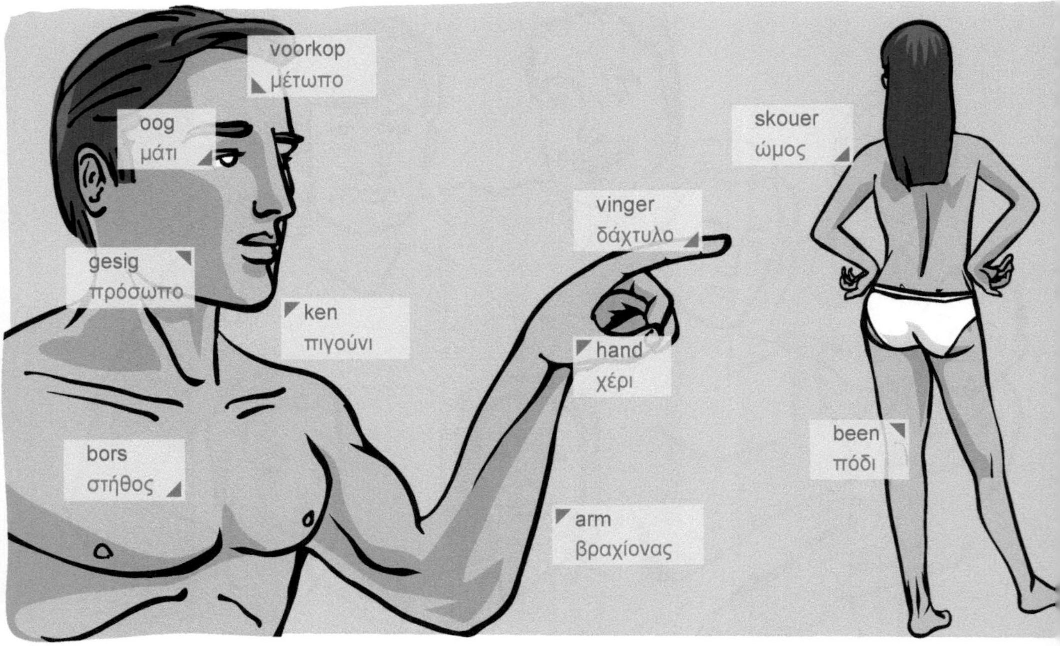

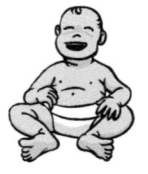

baba
μωρό

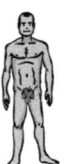

man
άνδρας

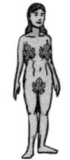

vrou
γυναίκα

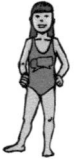

meisie
κορίτσι

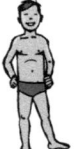

seun
αγόρι

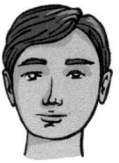

kop
κεφάλι

rug

πλάτη

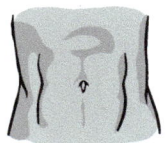

buik

κοιλιά

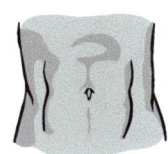

naelstring

αφαλός

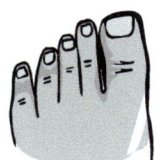

toon

δάχτυλο ποδιού

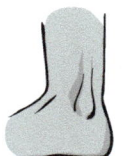

hak

φτέρνα

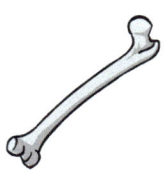

been

κόκκαλο

heup

γοφός

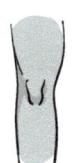

knie

γόνατο

elmboog

αγκώνας

neus

μύτη

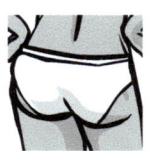

boude

γλουτός

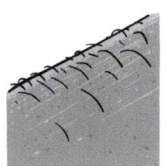

vel

δέρμα

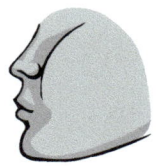

wang

μάγουλο

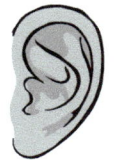

oor

αυτί

lippe

χείλος

mond
στόμα

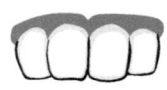

tand
δόντι

tong
γλώσσα

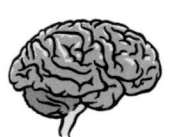

brein
εγκέφαλος

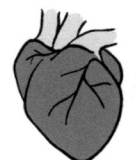

hart
καρδιά

spiere
μυς

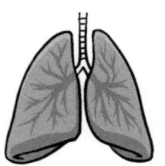

long
πνεύμονας

lewer
συκώτι

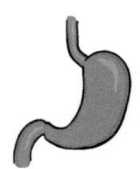

maag
στομάχι

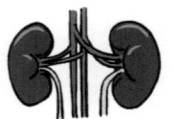

niere
νεφρά

seks
σεξουαλική επαφή

kondoom
προφυλακτικό

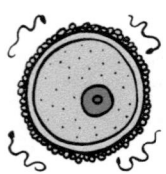

eierstok
ωάριο

semen
σπέρμα

swangerskap
εγκυμοσύνη

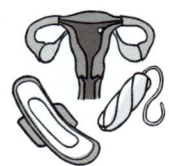

menstruasie

περίοδος

vagina

γυναικείος κόλπος

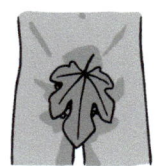

penis

πέος

wenkbrou

φρύδι

hare

μαλλιά

nek

λαιμός

hospitaal
νοσοκομείο

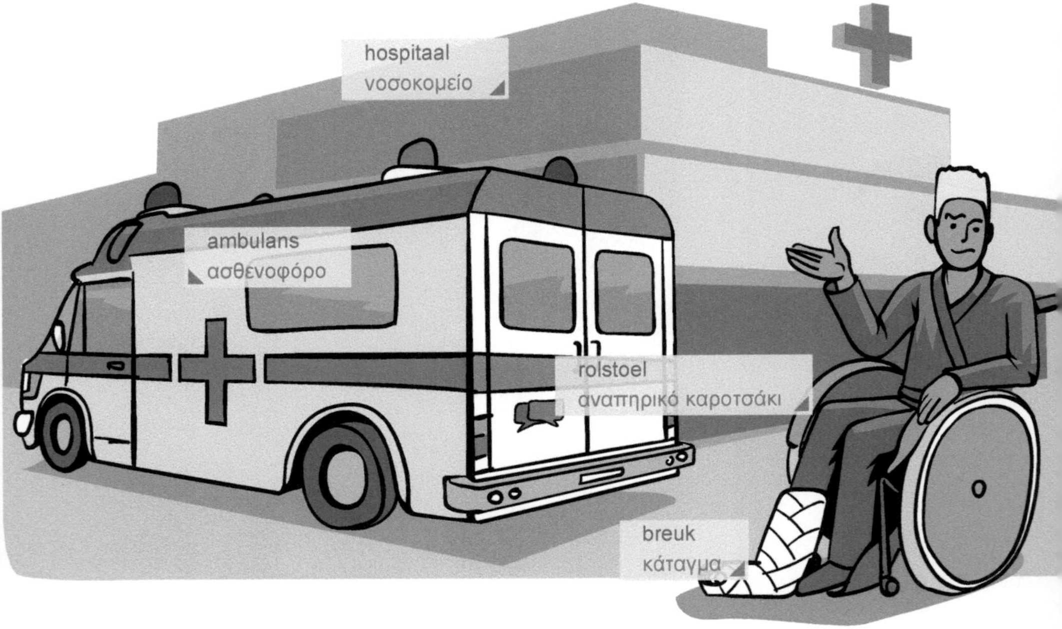

hospitaal
νοσοκομείο
ambulans
ασθενοφόρο
rolstoel
αναπηρικό καροτσάκι
breuk
κάταγμα

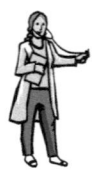

dokter

γιατρός

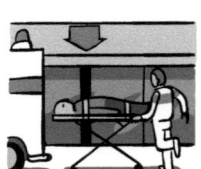

ongevalle

μονάδα εντατικής θεραπείας

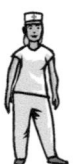

verpleegster

νοσοκόμα

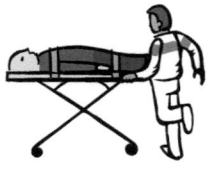

noodgeval

έκτακτη ανάγκη

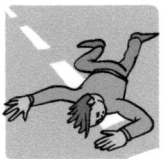

bewusteloos

λιπόθυμος

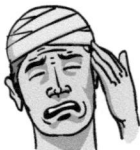

pyn

πόνος

besering

τραύμα

bloeding

αιμορραγία

hartaanval

έμφραγμα

beroerte

εγκεφαλικό

allergie

αλλεργία

hoes

βήχας

koors

πυρετός

griep

γρίπη

diarree

διάρροια

hoofpyn

πονοκέφαλος

kanker

καρκίνος

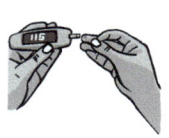

diabetes

διαβήτης

chirurg

χειρουργός

skalpel

νυστέρι

operasie

εγχείρηση

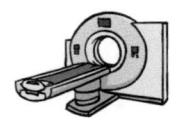

CT

αξονική τομογραφία

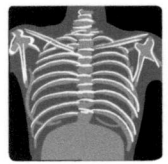

X-straal

ακτινογραφία

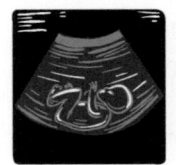

ultraklank

υπέρηχος

gesigmasker

μάσκα

siekte

ασθένεια

wagkamer

αίθουσα αναμονής

kruk

πατερίτσα

gips

χάνσαπλαστ

verband

επίδεσμος

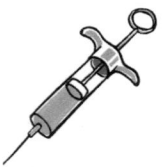

inspuiting

ένεση

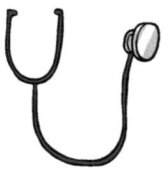

stetoskoop

στηθοσκόπιο

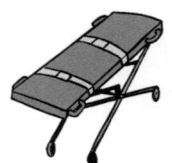

draagbaar

φορείο

kliniese termometer

θερμόμετρο

geboorte

γέννηση

oorgewig

υπέρβαρο

gehoorapparaat

ακουστικό βαρηκοΐας

ontsmettingsmiddel

αντισηπτικό

infeksie

λοίμωξη

virus

ιός

MIV / vigs

HIV/AIDS

medisyne

φάρμακο

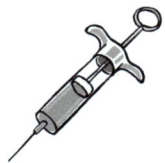

inenting

εμβολιασμός

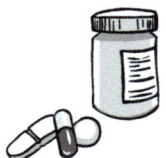

tablette

δισκία

pil

χάπι

noodoproep

κλήση έκτακτης ανάγκης

blooddrukmonitor

πιεσόμετρο αίματος

siek / gesond

άρρωστος / υγιής

Help! Βοήθεια!	 alarm συναγερμός	 aanranding βιαιοπραγία
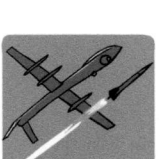 aanval επίθεση	 gevaar κίνδυνος	 nooduitgang έξοδος κινδύνου
Brand! Φωτιά!	 brandblusser πυροσβεστήρας	 ongeluk ατύχημα
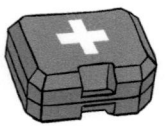 noodhulpkissie κουτί πρώτων βοηθειών	 SOS SOS	 polisie αστυνομία

Europa

Ευρώπη

Noord-Amerika

Βόρεια Αμερική

Suid-Amerika

Νότια Αμερική

Afrika

Αφρική

Asië

Ασία

Australië

Αυστραλία

Atlantiese Oseaan

Ατλαντικός Ωκεανός

Stille Oseaan

Ειρηνικός Ωκεανός

Indiese Oseaan

Ινδικός Ωκεανός

Antarktiese Oseaan

Ανταρκτικός Ωκεανός

Arktiese Oseaan

Αρκτικός Ωκεανός

Noordpool

Βόρειος Πόλος

Suidpool

Νότιος Πόλος

Antarktika

Ανταρκτική

aarde

Γη

land

γη

see

θάλασσα

eiland

νησί

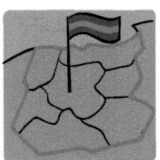

nasie

έθνος

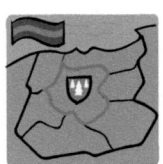

staat

πολιτεία

horlosie

καντράν ρολογιού

uur-aanwyser

ωροδείκτης

minuut-aanwyser

λεπτοδείκτης

sekonde-aanwyser

δείκτης δευτερολέπτων

Hoe laat is dit?

Τι ώρα είναι;

dag

ημέρα

tyd

χρόνος

nou

τώρα

digitale horlosie

ψηφιακό ρολόι

minuut

λεπτό

uur

ώρα

week

εβδομάδα

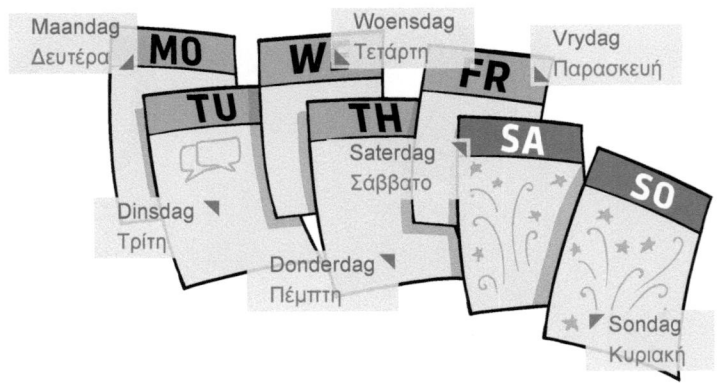

gister
χθες

vandag
σήμερα

môre
αύριο

oggend
πρωί

middag
μεσημέρι

aand
βράδυ

werksdae
εργάσιμες ημέρες

naweek
Σαββατοκύριακο

jaar
έτος

reën
βροχή
reënboog
ουράνιο τόξο
wind
άνεμος
sneeu
χιόνι
lente
άνοιξη
Herfs
φθινόπωρο
somer
καλοκαίρι
winter
χειμώνας

4.APRIL 11°
5.APRIL 4°
6.APRIL 13°
7.APRIL 8°
8.APRIL 10°

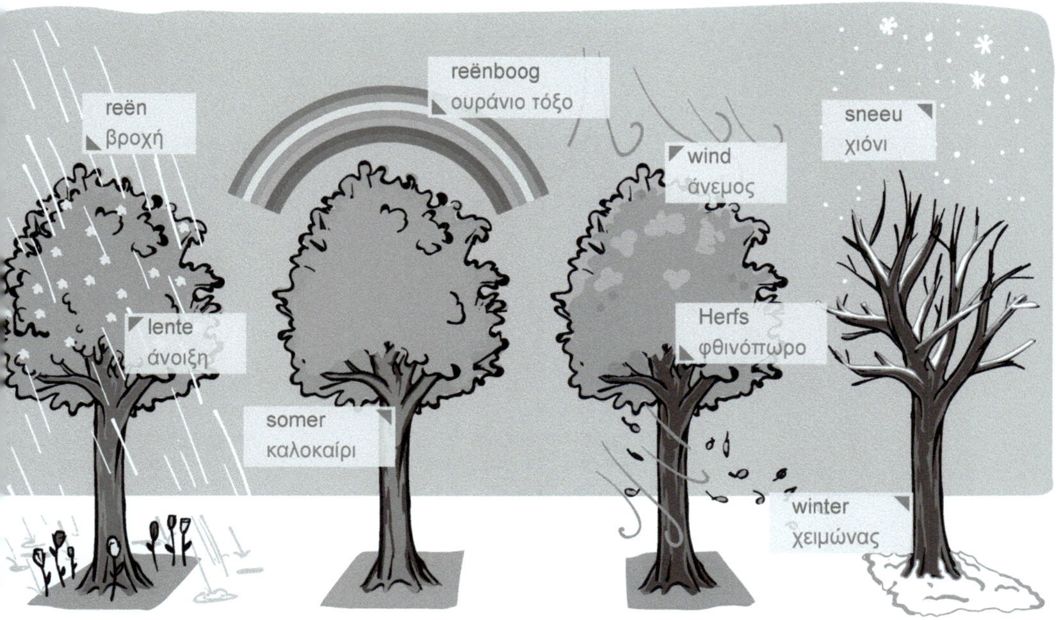

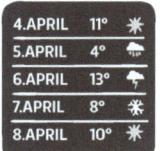

weervoorspelling

πρόγνωση καιρού

F C
120 40
90 30
60 20
30 10
0 0
-30 -10
-20

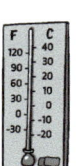

termometer

θερμόμετρο

sonskyn

λιακάδα

wolk

σύννεφο

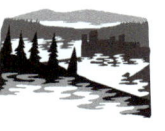

mis

ομίχλη

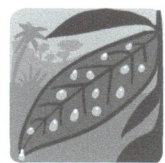

humiditeit

υγρασία

weerlig

αστραπή

donderweer

κεραυνός

storm

καταιγίδα

hael

χαλάζι

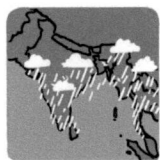

reënseisoen

μουσώνας

vloed

πλημμύρα

ys

πάγος

Januarie

Ιανουάριος

Februarie

Φεβρουάριος

Maart

Μάρτιος

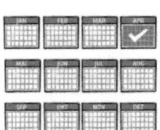

April

Απρίλιος

Mei

Μάιος

Junie

Ιούνιος

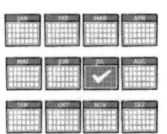

Julie

Ιούλιος

Augustus

Αύγουστος

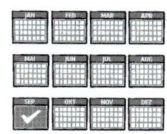

September
....
Σεπτέμβριος

Oktober
....
Οκτώβριος

November
....
Νοέμβριος

Desember
....
Δεκέμβριος

vorms

σχήματα

sirkel
....
κύκλος

vierkant
....
τετράγωνο

reghoek
....
ορθογώνιο
παραλληλόγραμμο

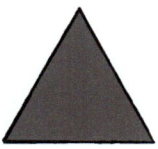

driehoek
....
τρίγωνο

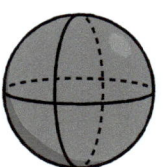

gebied
....
σφαίρα

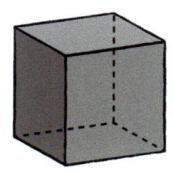

kubus
....
κύβος

wit

άσπρο

geel

κίτρινο

oranje

πορτοκαλί

pink

ροζ

rooi

κόκκινο

pers

μωβ

blou

μπλε

groen

πράσινο

bruin

καφέ

grys

γκρι

swart

μαύρο

'n baie / 'n bietjie

πολύ / λίγο

kwaad / kalm

θυμωμένος / ήρεμος

pragtig / lelik

όμορφος / άσχημος

begin / einde

αρχή / τέλος

groot / klein

μεγάλος / μικρός

helder / donker

φωτεινός / σκοτεινός

broer / suster

αδελφός / αδελφή

skoon / vuil

καθαρός / λερωμένος

volledige / onvolledige

πλήρης / ατελής

dag / nag

ημέρα / νύχτα

dood / lewendig

νεκρός / ζωντανός

wyd / smal

φαρδύς / στενός

eetbare / oneetbaar

βρώσιμος / μη βρώσιμος

kwaad / vriendelik

κακός / ευγενικός

opgewonde / verveeld

ενθουσιασμένος /
βαριεστημένος

vet / maer

παχύς / λεπτός

eerste / laaste

πρώτος / τελευταίος

vriend / vyand

φίλος / εχθρός

vol / leeg

γεμάτος / άδειος

hard / sag

σκληρός / μαλακός

swaar / lig

βαρύς / ελαφρύς

honger / dors

πείνα / δίψα

siek / gesond

άρρωστος / υγιής

onwettige / wettige

παράνομος / νόμιμος

slim / dom

έξυπνος / χαζός

links / regs

αριστερός / δεξιός

naby / vêr

κοντινός / μακρινός

nuut / tweedehands

καινούριος /
μεταχειρισμένος

niks / iets

τίποτα / κάτι

oud / jonk

γέρος | νέος

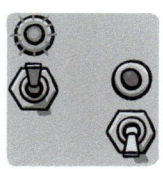

aan / af

αναμμένος / σβηστός

oop / toe

ανοιχτός / κλειστός

stil / lawaaierig

χαμηλόφωνος /
μεγαλόφωνος

ryk / arm

πλούσιος / φτωχός

reg / verkeerd

σωστός / λανθασμένος

grof / glad

τραχύς / λείος

hartseer / gelukkig

λυπημένος / χαρούμενος

kort / lank

κοντός / μακρύς

stadig / vinnig

αργός / γρήγορος

nat / droog

υγρός / στεγνός

warm / koel

ζεστός / δροσερός

oorlog / vrede

πόλεμος / ειρήνη

0	**1**	**2**
nul	een	twee
μηδέν	ένα	δύο
3	**4**	**5**
drie	vier	vyf
τρία	τέσσερα	πέντε
6	**7**	**8**
ses	sewe	agt
έξι	εφτά	οκτώ
9	**10**	**11**
nege	tien	elf
εννιά	δέκα	έντεκα

12

twaalf

δώδεκα

13

dertien

δεκατρία

14

veertien

δεκατέσσερα

15

vyftien

δεκαπέντε

16

sestien

δεκαέξι

17

sewentien

δεκαεφτά

18

agtien

δεκαοκτώ

19

negentien

δεκαεννέα

20

twintig

είκοσι

100

honderd

εκατό

1.000

duisend

χίλια

1.000.000

miljoen

εκατομμύριο

Engels

Αγγλικά

Amerikaanse Engels

Αμερικάνικα Αγγλικά

Mandaryns

Μανδαρίνικα Κινέζικα

Hindi

Χίντι

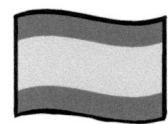

Spaans

Ισπανικά

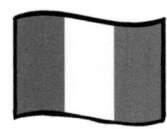

Frans

Γαλλικά

Arabies

Αραβικά

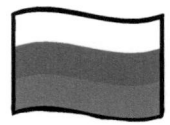

Russies

Ρώσικα

Portugees

Πορτογαλικά

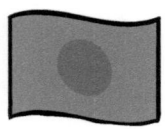

Bengaals

Μπενγκάλι

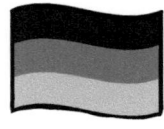

Duits

Γερμανικά

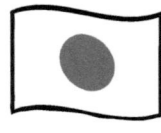

Japanees

Ιαπωνικά

Ek

εγώ

jy

εσύ

hy / sy / dit

αυτός / αυτή / αυτό

ons

εμείς

julle

εσείς

hulle

αυτοί / αυτές / αυτά

wie?

ποιος / ποια / ποιο;

wat?

τι;

hoe?

πώς;

waar?

πού;

wanneer?

πότε;

naam

όνομα

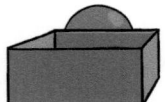

agter

πίσω

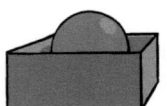

in

μέσα

voor

μπροστά

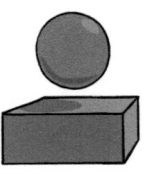

oor

πάνω από

bo-op

πάνω

onder

κάτω

langs

δίπλα

tussen

ανάμεσα

plek

μέρος